Antonia Katherina Müller   Seelenscherben

www.tredition.d

Inhaltsverzeichnis:

www.tredition.de

© 2021 Antonia Katherina Müller

Verlag und Druck:
tredition GmbH, Halenreie 40-44, 22359 Hamburg

ISBN
Paperback: 978-3-347-33023-8
Hardcover: 978-3-347-33024-5
e-Book: 978-3-347-33025-2

Seelenscherben

Vorwort

In diesem Gedichtband stecken mehr als lyrische Worte. Diese Gedichte bieten einen Einblick in meine Seele, die unter Kindesmissbrauch und einer späteren, zusätzlichen Vergewaltigung litt. Eine Seele, die auf Wanderschaft ging. Ein inneres Kind, das verschwunden war. Die Abgründe der Psyche, die kaum einer betreten möchte. Der Weg, den ich gehen musste, führte durch einen schwarzen Tunnel, über steinige Berge, an Klippen vorbei, über Flüsse hinweg und mein Stift und das Papier waren mein ständiger, hilfreicher Begleiter. Ich konnte Worte finden, wofür es eigentlich nur Stille gibt. Es war mir möglich, Gefühle bildhaft auszudrücken und alles ein stückweit loszulassen. Im Alter von sechzehn Jahren, nachdem ich vergewaltigt wurde und eine Lawine aus der verdrängten Vergangenheit auf mich ein brach, fing ich an zu schreiben. Was ich zuvor verdrängt hatte, auch wenn ich ohnehin schon große Probleme hatte, lag plötzlich wie ein Puzzle aus Scherben vor mir. Ich möchte mit diesen Gedichten ausdrücken, wie meine innere und äußere Welt für mich selbst aussah.

Welche Gefühle und Gedanken ich in dieser Zeit hatte. Es sind bildhafte Gedichte, sodass auch ein Außenstehender ganz eigene Ansichten und Gedanken haben mag. Gedichte, die mit vielen Gefühlen einhergehen, welche ich versucht habe auszudrücken. Ich hoffe, dass ich ein paar Leser erreichen kann, um auf die Themen „sexueller Missbrauch" und „Vergewaltigung" aufmerksam zu machen. Ich wünsche mir, dass die Achtsamkeit der Menschen füreinander zunimmt.

Antonia Katharina Müller

Triggerwarnung

Dieses Buch enthält einige Darstellungen von sowohl seelischer als auch körperlicher Gewalt, die einige Leser-/innen als traumatisierend, beunruhigend oder schwer verdaulich empfinden könnten. Ich möchte darauf hinweisen, dass das Lesen der folgenden Gedichte auf eigene Verantwortung, mit eigenem Bewusstsein, geschehen soll. Wenn Sie selbst betroffen sind und es dennoch gerne lesen möchten, achten Sie bitte auf sich selbst. Suchen Sie sich im besten Fall eine zweite Person, die Sie auffangen kann, mit Ihnen über die Dinge sprechen oder einfach für Sie da sein kann. Sprechen oder schreiben Sie direkt über die eigenen Gefühle und Gedanken und lassen sich bitte nicht vollkommen hineinziehen. Manchmal ist es leichter in kleinen Stückchen zu lesen und Pausen einzulegen. Es soll Ihnen guttun, zum Nachdenken anregen, die eigenen Gefühlswelten näherbringen und für andere sensibilisieren.

Wenn Sie Hilfe brauchen, gibt es zahlreiche Anlaufstellen hierfür. Trauen Sie sich, diese in Anspruch zu nehmen! Kein Mensch ist perfekt und keiner muss allein mit Problemen zurechtkommen. Es kann jedem überall passieren, trauen Sie sich offen darüber zu sprechen, denn Worte können Türen öffnen.

Antonia Katherina Müller

Seelenscherben

Lyrik

Hey Tagebuch

Hey, liebes Tagebuch,
ich muss dir etwas sagen,
aber du darfst nichts verraten.
Ich hatte früher in der Nacht besucht.
Jetzt habe ich so viele Fragen.

Ich habe ihn wirklich lieb,
möchte seinen Namen nicht nennen,
aber bei dem Gedanken an ihn
am liebsten ganz weit fortrennen.

Manchmal nenne ich ihn einen Dieb,
weil er meine Kindheit gestohlen,
und mein Herz mitgenommen hat,
alles auf ganz leisen Sohlen.

Ich weiß nicht genau,
warum ich mich so schäme.
Er hat mich gebraucht,
denn er war sehr traurig,
und sagte immer, dass er wiederkäme.

Er kletterte in mein Bett,
kuschelte sich an mich heran,
war so gar nicht mehr der große Mann.

Oft badeten wir zu zweit,
dann saß ich zwischen seinen Beinen,
und sah das Ding, das wurde ganz hart und groß.
Manchmal musste ich dann weinen.

Es tat mir oft ganz schrecklich weh,
er meinte dann, es sei schon gut,
doch wenn ich an mir runter sah,
war da manchmal Blut.

Manchmal machte er aus dem Schaum
Viele lustige, tanzende Flocken,
dann lachte ich in den ganzen Raum.
Danach rubbelte er mich sanft trocken,
und nahm mich liebevoll in den Arm.

Er sagte, es sei alles ganz normal,
nur muss ich ihm versprechen,
aus welchem Grund auch immer,
mein Schweigen nie zu brechen.

So sag ich dir auf Wiedersehen,
gerade geht es mir nicht so gut,
ich möchte nicht mehr aus dem Hause gehen,
vielleicht finde ich wann anders neuen Mut.

Alptraum

Es war ein Traum –
sprach das Mädchen in mir.
Es war nur ein böser Traum-
nämlich von dir.

Es war nur ein Traum –
redete ich mir ein.
Es war nur ein Traum –
er wird niemals Wirklichkeit sein.

Es war nur ein Traum –
hoffe ich immer noch.
Es war nur ein Traum –
gefangen im schwarzen Loch.

Es war nur ein Traum –
die Gefühle vergehen auch bald.
Es war nur ein Traum –
von Schmerzen, Angst und Leid.

Es war nur ein Traum –
der mich hat aufschreien lassen.
Es war nur ein Traum –
in dem mich kalte Hände fassen.

Es war nur ein Traum –
in welchem ich über mir schwebe.
Es war nur ein Traum –
in dem ich denke, dass ich nicht lebe.

Es war nur ein Traum –
der mich gefesselt hat.
Es war nur ein Traum-
er wird aber nie matt.

Es war nur ein Traum –
dessen Farben nicht leuchten.
Es war nur ein Traum –
in welchem andere keuchten.

Es war nur ein Traum –
von tausend Scherben umgeben.
Es war nur ein Traum -
aber ich kann mich nicht mehr bewegen.

Es war nur ein Traum –
von Fesseln, die mich nicht losließen.
Es war nur ein Traum –
von dicken Tränen, die noch heute fließen.

Es war nur ein Traum –
von eisigen, verlangenden Augen.
Es war nur ein Traum -
der mir alles droht zu rauben.

Es war ein Alptraum –
von Nächten, die ich durchlebte.
Es war ein Alptraum -
in welchem mein Körper erbebte.

Es war ein Alptraum –
der mich immer noch zittern lässt.
Es war ein Alptraum –
der vor Tränen meine Kissen nässt.

Es war ein Alptraum –
der meine wahren Träume weit von mir schob.
Es war ein Alptraum –
der meinen Traum vom Leben ganz aufhob.

Es war ein Alptraum –
dass muss ich mir jetzt eingestehen.
Es war ein Alptraum –
dessen Bilder muss ich so oft sehen.

Die Künstlerin

Ihr ist, als ob es tausend Gefühle gäbe,

doch keines davon, was sie auf Dauer hält,

es wäre ein kunterbuntes Bild, was man sähe,

aber es passt nicht in diese moderne Welt.

Jede Farbe malt einen anderen, eigenen Strich,

mancher davon sich nur auf einem Punkt dreht,

ist es ein Tanz ihrer Seele, spürt immer in sich,

doch die Farbenpracht in heutiger Zeit untergeht.

Dabei möchte sie alles festhalten,

angespannte Muskeln zeichnen in die Stille,

fängt ihre Fantasie an zu gestalten,

schiebt die Wolken weg vor ihrer Pupille.

ANGST

Angst vor den Erinnerungen.

Angst vor den Gedanken.

Angst vor der Wahrheit.

Angst vor der Einsamkeit.

Angst vor der Enttäuschung.

Angst vor der Leere.

Angst vor dem Schmerz.

Angst vor dem Hass.

Angst vor der Wut.

Angst vor der Liebe.

Angst vor Verletzung.

Angst zu verletzen.

Angst zu versagen.

Angst zu erstarren.

Angst zu verzweifeln.

Angst vor Gewalt.

Angst vor Berührung.

Angst vor Fehlern.

Angst vor Menschen.

Angst vor Vertrauen.

Angst vor dem abzudriften.

Angst vor dem Leben.

Angst vor den Träumen.

Angst vor dem Schlaf.

Angst vor der Dunkelheit.

Angst vor mir.

Böser Traum

Ich hatte einen bösen Traum.
Mit einem riesengroßen Schrei,
brach mein Leben entzwei.

Da lag mein Lebenspuzzle am Boden.
Alle Teile in winzigen Scherben,
manche sogar mit tiefen Kerben.

Als wäre ein Spiegel zerbrochen,
sah in einer Scherbe wie ich stand,
blickte in eine andere, ganz gebannt.

Da stand noch ein Kind, sah aus, wie ich selbst,
zierlich, ängstlich, blass und klein,
es war vollkommen allein.

Ich würde ihm gerne meine Hand reichen,
aber die Spalte, der Sprung war zu breit,
die sichere Seite zu weit.

Da lagen sie nun, die Scherbenbilder.
Ich schrie, er hätte mich zerstört,
doch niemals hat mich jemand gehört.

Als ich schwitzend dann erwachte,
und immer noch an ihn dachte:
„Fass mich nicht mehr an"

Ich darf nicht aufgeben,
nicht im Scherbenhaufen untergehen,
ich möchte die Sonne strahlen sehen!

Sehe ich, dass nichts mehr geht,
dann ist es irgendwann zu spät,
für meine kleine Kinderseele.

Dieser Traum hat mir gezeigt,
was am Ende übrig bleibt,
von dem Leben, das ich hatte.

Ich werde kämpfen,
für Spaß, Freude und lautes Lachen,
denn noch kann ich einiges machen!

Der Weg des Lebens

Jeder hat einen eigenen Weg,
den jeder selbstständig geht.

Keiner kann ihn sich aussuchen,
jeder muss die Wege versuchen.

Das Leben ist wie ein Spiel,
manchen wird es bloß zu viel.

Manche gehen munter drauflos,
unter ihren Füßen weiches Moos.

Andere trauen sich nicht weiter,
brauchen für den Berg eine Leiter.

Viele sehen schon ihr Ziel vor Augen,
und können es am Ende gar nicht glauben.

Es gibt Kreuzungen in jedem Leben,
die einen viele Möglichkeiten geben.

Die Möglichkeit einen Bogen zu machen,
oder aber etwas Neues zu entfachen.

Viele wollen immer neu entdecken,
bleiben nie an denselben Flecken.

Andere bleiben lieber an einem Ort,
wollen von diesem gar nicht mehr fort.

Freunde begleiten einen oft sehr lang,
wenn diese fehlen, wird einem ganz Bang.

Manch einer erlebt sein Leben zu zweit,
dann kommt man oft ungesehen weit.

Berge und Täler durchwandert jeder,
manch einer so leicht wie eine Feder.

So lange Wege wir auch gehen,
das Ende wird jeder irgendwann sehen.

Du hast es getan

Das Lächeln auf deinen Lippen, nur ein Schein,
alles könnte ganz anders, viel besser sein!

Die Liebe sollte etwas Schönes sein,
doch ich trage sie als schwarzen Stein.

Du hast mein Leben zum Kampf gemacht,
und dabei bloß an eines, an dich gedacht!

Du hast es so oft wie du wolltest mit mir ge-
macht,
und das alles immer in unendlich stiller Nacht.

Du hast meine Seele ganz zerstört,
niemand hat jemals meine Schreie gehört.

Du hast mir Schmerzen zugefügt,
und unsere Eltern immer belügt.

Du hast mir so viel, fast alles genommen,
wegen dir sind mir Tränen entronnen.

Du bist groß und wohnst an einem anderen Ort,
ich will nur von dir hören, ein einziges Wort.

Ich werde diese Zeit niemals verarbeiten,
aber der Glaube wird mich leiten.

Du wirst mich für immer prägen,
eine Entschuldigung- das wär´ ein Segen.

Ein Bild

Ihr ist, als ob es tausend Gefühle gäbe,
doch keines davon, was sie auf Dauer hält,
es wäre ein kunterbuntes Bild, was man sähe,
aber es passt nicht in diese moderne Welt.

Jede Farbe malt ihren eignen Strich,
mancher davon sich nur auf einem Punkt dreht,
ist es ein Tanz ihrer Seele, fühlt dabei einen Stich,
solch ein Gemälde in heutiger Zeit untergeht.

Dabei möchte sie durchbrechen die Stille,
mit Kreide, Pinsel und Bleistift deuten,
ihr Bild soll sich spiegeln in der Pupille,
Gefühle sollen sich regen in den Leuten.

Ein Engel

Ein Engel, der verlernt hat zu fliegen,
der nicht mehr weiß, was Lachen ist,
Ein Engel, der verlernt hat zu lieben,
die Erkenntnis darüber seine Seele zerfrisst.

Ein Engel, der verlernt hat zu leben,
die Gefühle in seiner Seele behält.
Ein Engel, der verlernt hat zu schweben,
beim Versuch an den Klippen der Realität zer-
schellt.

Ein Engel, der verlernt hat zu träumen,
der sich jegliche Schuld zuweisen lässt.
Der verlernt hat vor Freude über zu schäumen,
und Emotionen in sich presst.

Ein Engel, der verlernt hat zu hassen,
seine Schreie in der Unendlichkeit verhallen.
Ein Engel, der verlernt hat Mut zu fasse,
Wut und Angst sich in ihm ballen.

Ein Engel, der verlernt hat zu fragen,
mit erhobenem Haupt sein Schicksal erträgt.
Ein Engel, dem untersagt ist Flügel zu tragen,
darauf wartet, dass der Tod ihn schlägt.

Ein Schrei

Ein Schrei, dann ist die Nacht vorbei,
die Stirn bedeckt von kaltem Schweiß.
Meine Seele springt fast schon entzwei.
Das Blut überall im Körper siedend heiß.

Meinem Peiniger wieder mal entkommen,
der mich jagte, diesmal bis zum Kuss.
Lieg'lang noch orientierungslos, benommen
Denn das alles nimmt keinen Schluss

Meine Augen sich mit Tränen füllen,
meine Hände die Decken an die Nase ziehen,
die mich in einen Kokon aus Watte hüllen.
Meine Füße würden gerne fliehen.

Mein Körper ganz still dort liegt,
die innere Stimme zu mir spricht,
der Sonnenschein bald alles besiegt,
ein neuer angstvoller Tag anbricht.

Die Spieluhr

Die Spieluhr spielt- nur für dich.

Was ist, wenn ich sie nicht höre?

Dann sei still und lausche.

Was ist, wenn ich schon längst still bin?

Die Spieluhr spielt, hör nur zu.

Ich höre etwas, doch es ist kein Spiel.

Leiblich und sanft klingt die Spieluhr- höre doch.

Nein, sie ist nicht lieblich und sanft!

Die Spieluhr spielt, so hör doch hin!

Glauben

Die Tränen perlen an meinen Wangen hinab,
mit ihnen geht es mit mir bergab.

Mein Gesicht möchte ich keinem zeigen,
ich möchte jeden Menschen meiden.

Keiner soll mich so verletzlich sehen,
am liebsten würde ich für immer gehen.

Doch meine Beine wollen sich nicht bewegen,
mein Körper sich in keinster Weise regen.

Wie angewurzelt sitze ich nun hier,
und das ganz allein mit mir.

Einsam ist es in der Stille nicht,
denn ich habe doch noch immer mich.

Aber was ist, wenn die Seele zerbricht,
habe ich dann immer noch ein Gesicht?

Lebe ich dann weiter hier auf Erden,
oder würde ich ein Engel werden?

Im Himmel, so glaube ich,
wäre es viel schöner für mich.

Ein Paradies für jedermann,
so gibt es die Bibel an.

Eine einzige Träne

Der Gedanke verfließt,
wie eine einzelne Träne,
die das Herz vergießt.

Gefühle gehen dahin,
mit ihnen die Zeit,
nichts mehr macht Sinn.

Der Schmerz ist spürbar,
wie ein Messerstich,
dem blutenden Herzen nah.

Einsam wie die Träne,
die auf den Boden floss,
mit ihr das Blut sich ergoss.

Eine schmerzhafte Spur hinterlässt,
der Gedanke eines sinnlosen Lebens,
wie kalte Ketten hält sie fest.

Die Träne schon vorbei,
mit ihr der rote Fluss,
das Herz längst entzwei.

Das Einzige was verbleibt,

ist die Erinnerung an den Schmerz,

dann wird sie vom Leben befreit.

Eine einzige Träne für das Ende ihres Lebens,

sie hat noch einen letzten Wunsch,

um die Träne zu verbergen, solle es passieren im
Regen.

Fragen an DICH

Ich würde dich gerne einiges fragen,
doch du würdest schmerzliche Dinge sagen.

Trotzdem frage ich dich nun,
wirst du das auf ewig tun?

Wirst du andere anfassen?
Weißt du, dass sie dich hassen?

Wirst du Grenzen überschreiten,
und andere ins Schwarze begleiten?

Wie hast du dich dabei gefühlt,
als du mich innerlich hast durchwühlt?

Wie fühlst du dich denn jetzt,
wenn du weißt, ich bin verletzt?

Was hast du dir dabei gedacht,
als du dies hast mit mir gemacht?

Was denkst du nun, nach alledem,
würdest du gern von dannen gehen?

Frägst du dich nie, wie es mir geht?
Weißt du, dass mir meine Seele fehlt?

Hast du dir einmal überlegt,
wie sterben wirklich geht?

Weißt du, was es heißt zu leben,
aber immer über dem Boden zu schweben?

Kennst du es sterben zu wollen,
aber immer noch leben zu sollen?

Hass, Angst, Wut und Schmerz,
ist das alles ein dummer Scherz?

Ich möchte sterben und kann es nicht,
du sollst es wissen, durch dies Gedicht.

Gegenwart trifft Vergangenheit

Fernsehbilder,
Radioberichte,
Alles dringt zu ihr hinein-
Über Missbrauchsopfer,
eigentlich sollte es verschwunden sein.
Wieder nur lange Reden,
dabei geht es hierbei um viele Leben.

Sich vergreifen an den Schwachen,
Taten tun aus „gutem" Grund,
man könne einfach nichts machen,
hält er die Hand schon vor meinen Mund.

Schweigen bis in die Ewigkeit,
weil keiner hinsieht,
ertragen sie unterdrückt ihr Leid,
während meine Seele einsam flieht.

Schrei jetzt nicht, halt einfach still,
mach nur das, was er jetzt will,
Halt die Klappe, sag es keinem,
und hör endlich auf zu weinen!

Wirst du das Geheimnis hüten?
Sprich mit niemandem darüber.
Sonst werde ich ziemlich wütend!
Beugt er sich schon zu ihr über.

So liegt sie da und hält es aus,
was er von ihr verlangt-
stumme Schreie gehen durchs Haus,
die Seele längst erkrankt.

Gegenwart trifft Vergangenheit,
manchmal denkt sie, diese Zeit,
muss doch mal vorbei gehen.

Doch sieht sie dann, wie jetzt im Fernsehen,
von Bildern dieser Art und Weise,
dann kommen ihr erneut

die Tränen

ganz leise....

Ich kann nicht

Ich kann nicht mehr sehen,
kann keine Schritte mehr gehen.

Ich kann nicht mehr fühlen,
nur noch durch Leere wühlen.

Ich kann nicht mehr hoffen,
meine Tränen flossen.

Ich kann nicht mehr vertrauen,
kann nur noch Mauern erbauen.

Ich kann nicht mehr lieben,
mir ist nichts mehr geblieben.

Ich kann nicht mehr träumen,
nicht mehr vor Freude überschäumen.

Ich kann keinen Wunsch mehr tragen,
in meinem Kopf so viele Fragen.

Ich kann keine Tränen mehr weinen,
bin mit meiner Seele nicht im Reinen.

Ich kann mich nicht vor den Spiegel stellen,
keine Entscheidung mehr für mich fällen.

Ich kann nur noch Schmerzen spüren,
mich nicht mehr vom Flecke rühren.

Ich kann nicht mehr und bleibe stehen,
muss atmen, möchte aus dem Leben gehen.

Irgendwo dazwischen

Zwischen zwei Fragen
In der Lücke zwischen zwei Tagen
Blieb nichts mehr zu sagen
Nur noch Leid zu beklagen.

Wusste ich einfach nicht weiter,
ging von der Last schon in die Knie
so weit war ich noch nie…
so weit war ich noch nie…

Mit einem riesigen Kloß im Magen,
gab ich mich müde von allem geschlagen,
ich habe es ertragen
über Tage hinaus,
doch jetzt ist es endgültig aus.

Vor zwei Tagen ging ich in die Knie,
wusste, ich hatte das noch nie.
Ich wollte wieder aufstehen,
doch jeder hat mich liegen sehen.

Nur die Tränen kamen nicht,
sind schon alle geflossen,
in dem gebrochenen Licht,
hat sich mein Herz ergossen.

Blind getragen von meinen Beinen,
getrieben von der inneren Sehnsucht,
entging ich keinen Stolpersteinen,
mein Körper durchschüttelt von dieser Wucht.

Zerbrach an jenem Tag mein Glauben,
dass alles nur ein böser Traum ist,
und öffnete zum ersten Mal meine Augen,
ich habe Angst, dass mich alles zerfrisst.

Kinderseele

Ein kleines, unschuldiges Mädchen,
das so sehr leidet unter dem Seelenmord,
doch anstatt ihr zu helfen, es wirklich zu sehen,
entflieht die Mutter in ihren Sport.

Der Vater ist unerreichbar fern,
arbeitet täglich stundenlang.
Verbringt die Freizeit im Casino,
dem Mädchen wird ganz bang.

Dieses Geheimnis darf niemand wissen,
aber sie hält es nicht aus, ist ganz verbissen.
Sie fasst sich an ihr kleines Kinderherz,
um endlich zu beenden, diesen Schmerz.

Sie versuchte es zu zeigen, vertraute sich anderen
an,
in der Hoffnung, dass jemand ihre Qualen beenden
den kann.
Aber stattdessen wird sie bitter enttäuscht,
und wird von den eigenen Verwandten getäuscht.

Ihr zweiter Bruder ist umso mutiger,
gepeinigt, missbraucht, geschändet,
geht er zur Mutter und erzählt sein Leid,
hofft so, dass sich das Blatt wendet.

Die Mutter hat Angst ihre Familie zu verlieren,
lässt alles unausgesprochen, statt zu reagieren.
Jahre traumatischer Qualen ziehen dahin,
jemals auf Hilfe zu hoffen, verliert ihren Sinn.

Im Alter von 16 Jahren wird sie wieder Opfer,
eines jungen, begierigen Mannes,
sie konnte sich nicht wehren,
versuchte gegen ihn aufzubegehren.

Nach jahrelanger quälender seelischer Not,
kam eine Trainerin, die ihre Hilfe anbot.
Nun schafft sie es sich jemanden anzuvertrauen,
es ist jemand da, um ihren Kummer anzuschauen.

Endlich kam Unterstützung, um dies zu beenden,
konnte sich aus der Vergangenheit befreien.
Doch ihre Kinderseele ist nun schon zerstört,
keiner hat auf die Zeichen des Mädchens gehört.

Kindheit

Die Sonne lacht,
Kinder schreien,
sie leben in den Tag hinein.

Und mittendrin,
ein kleines Kind,
ruhiger als stiller Wind.

Es schweigt fein still,
es soll nicht erzählen,
was er von ihr will.

Denn sonst er kommt,
er, der böse Mann
macht sich auch an andre ran.

Leiden soll'n die and'ren nicht,
sie lachen noch
und weinen nicht.

Es ist allein,
es kann nicht reden,
unter ihr der kalte Stein.

Es will nur verstehen,
warum er es tut,
die Antworten wird der Wind verwehen.

Gewachsen aus dem Kindesalter,
muss lernen zu überleben,
möchte fliegen, wie ein Falter.

Sie denkt zurück,
an ihren Kindheitstraum:
liegt begraben unter einem Kastanienbaum.

Kleines Mädchen

Kleines Mädchen ganz allein.

Kleines Mädchen ängstlich klein.

Kleines Mädchen mit ganz viel Schmerz.

Kleines Mädchen mit gebrochenem Herz.

Kleines Mädchen ohne Schutz.

Kleines Mädchen fühlt sich beschmutzt.

Kleines Mädchen mit großer Trauer.

Kleines Mädchen mit unsichtbarer Mauer.

Kleines Mädchen ins Bett gekauert.

Kleines Mädchen hat Angst, dass er lauert.

Kleines Mädchen schlaf jetzt ein.

Kleines Mädchen ... ganz allein.

Mädchen

Ach unscheinbares Mädchen, so weine nicht.
Du sollst lächeln, das ist deine Pflicht.

Oh wunderschönes Mädchen, so lass deine liebli-
che Stimme sprechen.
Und uns all die weisen Herzen mit einem Satz
zerbrechen.

Mein kleiner Engel, setze deine Flügel an,
sonst kommt erneut der böse Mann.

Mädchen, Mädchen lauf doch nun,
sonst kann ich nichts mehr für dich tun.

Nimm deine Beine in die Hand und lauf,
so passe ich unter der Decke auf dich auf.

Sei still und lass dich nicht erblicken,
und von deiner Angst nicht ersticken.

Mädchen- lauf ganz weit weg von diesem Ort!
Lauf, soweit du kannst, ganz weit fort.

Marionette

Zum Schweigen bin ich verdammt,
an unsichtbare Fäden gebunden,
tanze weiter am Höllenrand,
mein Vertrauen ist geschwunden.

Die Realität des Lebens lässt mich verstummen,
geschämt habe ich mich für alles sehr,
ich wollte Sprechen, aber es ist mir nicht gelun-
gen,
es war einfach viel zu schwer.

Stattdessen lächelte ich weiter,
führte seltsame, schwierige Bewegungen aus,
alle anderen waren dabei so heiter,
und ich kam nicht aus dem Teufelskreis raus.

Mein Wille war gebrochen,
ich war zart und still,
habe mich in einer Hülle verkrochen,
tanzte weiter, wie er es will.

Meine Eltern waren keine guten Zuschauer,
die nur das sahen, was sie sehen wollten,
um alles andere bauten sie unbewusst eine Mauer,
auch wenn sie die Retter sein sollten.

Meine Mutter konnte nicht auf die Bühne treten,
sie hatte Angst, dass es das ganze Leben zerreißt,
mein Vater konnte nur mit den Fingern kneten,
und meine Kinderseele wurde vereist.

Der Höllenschlund öffnete seinen Rachen,
das Püppchen war so zärtlich, kindlich, leicht,
der nächste Teufel konnte alles machen,
der Höhepunkt wurde dann wirklich erreicht.

Die zerstörte Puppe saß lange unbespielt im Dun-
keln,
doch einer schlich sich zu ihr hinein,
beobachtete sie, brachte ihr ein stilles Funkeln,
denn sie musste nicht länger eine Marionette sein.

Das Drama nahm ein gutes Ende,
als ihr Ritter sie aus der Hölle befreite.
Er reichte ihr seine weichen Hände,
und steht ihr noch heute zur Seite

Mein Leben ein Missbrauch

Es ist dunkel im Zimmer,
eigentlich sollte ich nichts sehen,
doch ich sehe dich in der Tür stehen,
höre später mein Gewimmer.

Das was dazwischen geschieht möchte ich nicht
mehr wissen,
aber ich muss es immer wieder durchleben,
unterdessen rollen Tränen auf mein Kissen.
Möchte all die Bilder wie mit einem Besen wegfe-
gen.

Doch hört es nicht auf mir die Luft abzuschnüren,
meine Brust drückt sich zusammen,
doch kann ich kein Feuer der Wut in mir schüren,
wolltet ihr doch meine Seele alle verbannen.

Gestorben ist sie viele Male, doch wann war der
erste Todestag?
Vielleicht genau da, als ich im Bett als kleines Kin-
delein lag?

Wann fangt ihr an nach meiner Seele zu suchen?
Ich bin noch irgendwo an diesem kalten, dunklen
Ort,
wollt ihr mich für immer dort verfluchen?
Eigentlich möchte ich doch längst wieder fort…

Jahrelang hat er es mit mir gemacht,
mich belogen, betrogen und beschmutzt,
und ich habe immer nur eines gedacht:
keiner gibt mir im Elternhaus noch Schutz.

Und dann vermischen sich alle meine Bilder,
die Gefühle überschlagen sich,
das Gedankenkarussell wird immer wilder,
ich habe das Gefühl ich verliere mich…

Eine Freundin sollte gut zu einem sein,
sollte sie nicht zu einem halten?
Oder bilde ich mir das alles nur noch ein?
Wollte ich mit ihr die Zukunft gestalten?

Ich möchte es nur schwer glauben,
dass sie keine echte Freundin war.
Wollte auch sie mich meiner Seele berauben,
was ich erst später wirklich sah.

Nein…sie hat es klammheimlich getan,
sich in mein Vertrauen geschlichen,
womit verdiene ich diesen Wahn?
Ich bin auch ihrem Willen gewichen.

Auch sie fand daran Gefallen,
wollte es nicht nur einmal machen,
dachte wohl, ich könne ihr verfallen,
warum passieren mir solche Sachen?

Die Anzeige erging an IHN,
jemanden den ich kaum kannte,
vor dem ich aber nicht wegrannte.

Konnte doch nicht einmal weglaufen,
die Türe war zugesperrt,
war nur ein elendiger, ängstlicher Haufen,
der Fluchtweg also gänzlich verwehrt.

Möchte nicht daran denken,
glaube, ich werde verrückt,
muss mich ablenken.
die Lungen werden zugedrückt.

So viele Täter und doch nur ein Ziel,
das ist mir alles viel zu viel...

DIR

Ich habe schreckliche Angst – wegen DIR

Ich habe unheimliche Wut – wegen DIR

Ich kann nicht schlafen – wegen DIR

Ich habe keinen Hunger mehr – wegen DIR

Ich mache mir Sorgen um meine Freunde –

wegen DIR

Ich verspüre Hass, auf mich – wegen DIR

Ich habe meine letzten Tränen vergossen –

wegen DIR

Ich fühle mich absolut hilflos – wegen DIR

Ich fühle mich eingesperrt – wegen DIR

DU hast meine Seele genommen!

DU hast mir die Freiheit genommen!

DU lässt mich nicht mehr los, obwohl du be-
kamst, was du wolltest!

Mein Leben mit dir

Du nahmst mich bei der Hand,
ich habe dir so sehr vertraut,
du hast meine Seele verbannt.

Du kamst oft in der Nacht,
da waren wir dann ganz allein,
ich hätte das nie von dir gedacht.

Du hast mich gerne gewaschen,
als ich das noch nicht konnte,
um mich aber einfach anzufassen.

Du warst da, wenn die Eltern weg waren,
und wolltest abends mit mir spielen.
Wie konntest du dich mit mir paaren?

Du verstehst dich selber überhaupt nicht,
du warst auch noch ein Kind,
der Schutz war unser Eltern Pflicht.

Du hast so viel Schmerz hinterlassen,
du warst doch mein Bruder,
ich kann es bis heute nicht fassen.

Du hast mein Herz zerstört,
meine Seele vollkommen zerrissen,
aber nie hat es jemand gehört.

Du hast bis heute alles verschwiegen,
ich wusste erstmal aus Verdrängen nichts,
ich wünschte es wäre im Kopf verborgen geblie-
ben.

Du weißt nicht, dass ich es herausgefunden habe,
dass so viele Lebensjahre ein Missbrauch war,
ich musste es tun, dass ich es jemandem sage.

Du kannst lächelnd unter einem Baum liegen,
ich habe so viel Qualen wegen dir,
aber trotzdem werde ich dich immer lieben.

Du wirst immer frei sein und das ist gut,
ich werde dich nicht verklagen,
dazu fehlt mir die Wut und auch der Mut.

Neues Leben

Das Schloss rastet ein,
die Feuerglut in ihrem Herzen.
jetzt ist sie ganz Sein,
der zarte Körper voller Schmerzen.

Er nimmt sich, was ihm nicht gehört,
die Schreie sind schon lang verstummt,
von Geilheit, Unschuld er betört.
Dunkelheit sein Gesicht vermummt.

Sie hat ihm Vertrauen geschenkt,
dachte, dass es richtig sei,
er hat sie an diesen Ort gelenkt,
aber sie hat große Angst dabei.

Ahnt, dass es falsch ist, was er tut,
er nutzt es aus, jede Minute aufs Neue,
gehorcht sie nicht, spürt sie die Wut,
auch zeigt er auch absolut keine Reue.

Ihr Leben ist seither im Wanken,
sie empfindet kaum noch Glück.
Ist einzig geplagt von den Gedanken,
doch gibt es kein Zurück.

So wird es immer weiter gehen,
bis sie eines Tages Kraft erlangt,
doch Tage, Jahre noch vergehen,
bis sie ein neues Leben verlangt.

Ohne dich

Ich brauche dich nicht mehr.
Ich lief durch die Hölle,
wollte nichts mehr als sterben,
stehe aber immer noch auf Erden.

Ich verlor meine Seele,
suche sie schon ewig lang,
frage mich,
wann ich wieder atmen kann.

Barfuß rannte ich meilenweit,
jahrelang über heiße Kohlen,
meine Kindheit wurde gestohlen.

Meine Träume zerbarsten leise,
meine Wünsche wurden immer kleiner,
mein Gespür für Schwierigkeiten feiner.

Doch ich fand nicht ins Leben,
sehnte mich immerzu nach Liebe,
bekam stattdessen weitere Hiebe.

Meine Mauer wurde immer größer,
schloss mein Herz tief in mir ein,
es kam auch niemand mehr hinein.

Ich habe zu viele Narben,
einen Scherbenhaufen in der Hand,
und ein zerrissenes Lebensband.

Meine Tränen trockneten leise,
meine Schreie wurden eisern erstickt,
nur mein Körper weiter gefickt.

Und nun siehst du mich an,
mit verquollenen Augen,
und wolltest mir nie glauben.

Nun soll ich dich umarmen,
dir sagen, dass alles gut ist,
nur damit du zufrieden bist.

Du konntest es nie verstehen,
bist einfach immer weg gegangen,
wolltest nicht um mich bangen.

Du hast mir nicht geholfen,
deinem eigenen Kind,
liest es allein im stürmischen Wind.

In deinen Träumen ist alles anders,
das Leben für mich wunderschön,
wie ein leichter, warmer Föhn.

Doch es ist ein Kampf,
Tag und Nacht,
nur hast du ihn nie mitgemacht.

Lass mich also in Ruhe,
mit deinem Rat und Handeln,
du kannst mein Leben nicht mehr wandeln.

Du kommst zu spät,
ich bin erwachsen und allein,
das möchte ich auch weiter sein.

Schau endlich deine Probleme an,
stell dich vor einen Spiegel,
und öffne den schweren Riegel.

Hör lieber in dich selbst hinein,
denn du hast Angst vor deinem ich,
deshalb kümmerst du dich jetzt um mich.

Du weißt, dass du viel Schuld trägst,
doch möchtest es kaum sehen,
und lässt mich deshalb nicht gehen.

Aber du kannst nicht mehr gut machen,
was einmal geschah,
und auch nicht vergessen, was einmal war.

Ich habe gelernt allein zu sein,
ohne Liebe, Hilfe und Geborgenheit,
deshalb ist der Weg auch weit.

Ich muss vieles wieder erlernen,
aber das ganz ohne dich,
denn geht es dabei allein um mich

Realität und Alptraum

Der Himmel ist so schön blau,
doch meine Blicke nur verschwommen grau.

Die Sonne lächelt uns lieblich an,
ich sehe immer nur den schwarzen Mann.

Warme Strahlen prickeln auf unserer Haut,
ich habe mir bereits hohe Mauern erbaut.

Das Gras ist saftig und federnd weich,
ich bin gefangen in deinem vernichtenden Reich.

Nichts ist mit deiner Welt hier zu vergleichen,
bei dir drohen die Farben zu verbleichen.

Das Gras ist bei dir verdorren,
die Wege für mich vollkommen verworren.

Der Himmel ist eine schwarze Wand,
der Schmerz wie ein unsichtbares Band.

Die Sonne längst von der Dunkelheit verschluckt,
du hast mit einem Grinsen alles mit angeguckt.

Schrei der Nacht

Ein Schrei, dann ist die Nacht vorbei,
die Stirn bedeckt von kaltem Schweiß,
meine Seele springt fast schon entzwei,
das Blut überall im Körper siedend heiß.

Meinem Peiniger gerade noch entkommen,
der mich jagte, bis hin zum Kuss.
Lieg'lang noch orientierungslos, benommen,
denn das alles nimmt keinen Schluss.

Meine Augen sich mit Tränen füllen,
meine Hände die Decke über die Nase ziehen,
die mich in einem Kokon aus Watte hüllen,
meine Füße würden aber gerne fliehen.

Mein Körper bleibt einfach still liegen,
ein Mädchen zu mir flüsternd spricht,
ich solle mich nicht in den Schlaf wiegen,
die Sonne kommt bald und gibt mir Licht.

Schwarz

Schwarz ist die Seele,

rot ist das Herz,

und so riesengroß der Schmerz.

Schwarz ist die Sicht,

rot sind die Augen

und völlig tot der Glauben.

Schwarz ist die Hoffnung

Rot ist die Wut,

und nirgendwo noch Mut.

Schwarz ist der Weg

Rot die Füße

Alles wirkt wie eine Büße.

Schwarze Rosen

Rote Rosen blühen.
Und was ist mit den Schwarzen?

Weiße Rosen duften.
Und was ist mit den Schwarzen?

Rosa Rosen sind so weich.
Und was ist mit den Schwarzen?

Gelbe Rosen leuchten.
Und was ist mit den Schwarzen?

Schwer Worte zu finden

Es fällt mir schwer von diesem Tag zu reden.
Ein Tag, der schrecklich wär für jeden.
Nun liegt er schon fast zwei Jahre zurück,
und ich kämpfe mich ins Leben, Stück für Stück.

Anfangs war ich in Schlei gehüllt, wie betäubt,
vor einer Anzeige hab ich mich erstmal gesträubt.
Der Täter bleibt in mir gefangen,
leidvoll bin ich meinen Weg gegangen.

Passiert ist's abends im dunklen Speicher,
werde noch jetzt bei dem Gedanken bleicher.
Sein harter Griff tat mir unendlich weh,
verhielt mich wie ein gerissenes Reh.

Noch immer sitzt die Angst in mir tief drin,
besonders, wenn ich abends einsam bin.
Mein Lebenssinn ist mir verloren gegangen,
bin in meinem Zimmer mit der Angst gefangen.

Es gibt kaum Worte für dieses Empfinden,
durch ewigen Schmerz kann er mich binden.
Ich werde diesen Tag niemals vergessen,
denn er hat sich in meine Seele gefressen.

Das Seelenkind

Die Augen rot,
doch das Meer noch nicht versiegt.
Ein dunkler Schatten hebt sich hervor,
der Blick eisig, erloschen all das Licht,
wie eine brennende Kerze,
der Luft geraubt und von Rauch umsponnen.

Keine Wärme mehr zu spüren,
kein Glitzern mehr zu verkennen,
nur starre Leere im verlorenen Grün.

Von einem Netz aus Wasser überschwemmt,
wird der Blick milchig trüb.
Die Hände, zart und klein,
Umklammern fest den Teddy.

Vom Kuscheln ganz zerknittert,
gibt er ihr den letzten Halt.

Die Füße schon ganz wund,
vom langen Laufen,
ewig auf der Flucht,
weil sie nie weiß, was sicher ist,
rennt sie in kalte Schwärze,
ohne eines Blickes hinter sich.

Gefangen in der Dunkelheit,
auf endlos langer Wanderung,
das Seelenkind.

Sehnsucht nach dem Tod

Gebrochen wurde mein Herz,
viel zu groß ist jetzt der Schmerz.

Gebrochen wurde meine Seele,
doch keiner merkt, dass ich fehle.

Keiner sieht, dass ich weine,
jeder sieht nur die eine.

Jeder sieht mein Lächeln auf den Lippen,
dabei stehe ich schon längst über den Klippen.

Jeder sieht mich als stark an,
keiner sieht, dass ich nicht mehr kann.

Hört ihr nur das laute Lachen,
oder wollt ihr für mich nichts machen?

Jeder hat Angst vor dem großen Schritt,
so geht keiner mehr mit mir mit.

Meine Beine sind jedoch viel zu schwer,
unter mir sehe ich schon das blaue Meer.

Die Wellen schlagen an die steinernen Wände,
und ich öffne voller Sehnsucht meine Hände.

Noch ein Schritt und es wäre vorbei mit meinem
Leben.

Und ich hätte meine Freiheit, den Glauben und
Segen.

So viel kaputt

Schon lange nicht mehr gelacht,
keine Tränen mehr vergossen,
doch über so vieles nachgedacht.
Ist die Zeit so schnell verflossen.

Verbeult und verbogen,
manchmal nicht ganz dicht,
fühlst du dich belogen,
entführt aus dem hellen Licht.

Aber irgendwo darunter,
hältst du an der Hoffnung fest,
das alles wird, viel bunter,
und es dich irgendwann entlässt.

Du willst Hilfe geben,
und gleichzeitig abhauen,
versuchst zu leben,
dir eine Basis zu erbauen.

So viel kaputt,
in deinem Gesicht
jede der Scherben
spiegelt das Licht.

So viel kaputt,
aber zwischen der Glut,
zwischen Asche und Trümmern,
ist irgendetwas gut.

Es war schon lange nicht mehr warm,
so lange keine Kälte mehr empfunden,
bist du noch immer des Wissens arm,
kannst die Welt noch immer erkunden.

Aber du tust es nicht,
trägst die selben Verbände,
kein Gefühl in deinem Gesicht,
malst mit selber Farbe an die Wände.

Aber irgendwo darunter,
glaubst du, dass es heilt,
du hast viel zu lange
ihre Wunden geteilt.

Du willst Hilfe geben,
aber du weißt nicht wie,
du willst fliehen,
das könntest du nie.

Aber schütze dich gut, vor den Schnitten,
wenn du die Scherben aufliest,
du hast doch schon genug darunter gelitten,
und pass auf dich auf, wenn du dort kniest.

So viel kaputt,
aber zwischen der Glut,
zwischen Asche und Trümmern,
ist irgendetwas gut.

So viel kaputt,
in deinem Gesicht
jede der Scherben
spiegelt das Licht.

Aber so viel kaputt
Alles ein roter Faden der Wut,
zwischen Asche und Trümmern,
doch es war irgendwie gut.

Du wirst es finden,
und du musst es tragen,
für dich und für alle,
die dich danach fragen.

Du wirst es gefunden
Und du musst es tragen
Für dich und für alle,
die dich danach fragten

So viel kaputt....

Spiegel

Ich sehe in den Spiegel hinein,
da stehe ich, ganz allein.

Ich sehe in den Spiegel hinein,
empfinde mich als winzig klein

Ich sehe in den Spiegel hinein,
und fühle, ich bin nicht mehr rein.

Ich sehe in den Spiegel hinein,
erkenne: ich bin nicht mehr mein

Ich sehe in den Spiegel hinein,
sehe die Risse meiner Seele, ganz fein.

Ich sehe in den Spiegel hinein,
weiß, ich bin für immer dein.

Ich sehe in den Spiegel hinein,
und weiß: das möchte ich nicht sein!

Tat

Ich kann nicht sprechen,
Ich kann nur schreibe
ich bin am Zerbrechen.

Gebrochen durch den einen Mann,
mit dem ich so lange schreib,
und der nur eines kann.

Er wollte es mit mir,
nur ich nicht mit ihm,
und das schreibe ich nun hier.

Der Gedanke daran schmerzt so sehr,
und meine Tränen kullern mir hinab,
so viele Tropfen, wie aus einem Meer.

Ich kann sie nicht halten,
nichts tun, was dies verhindert,
nur die Taschentücher falten.

Es ging alles sehr schnell,
aber nicht schnell genug,
am Ende war ich nur ein Gestell.

Es tat so unbeschreiblich dolle weh,
doch ich konnte nichts tun,
danach war ich wie ein aufgeschrecktes Reh.

Aber er merkte es nicht,
denn er hatte Hunger,
und war nicht mehr auf mich erpicht.

Er hat bekommen, was er wollte,
und ich war einfach nur still,
still, wie ich sein sollte.

Die Türe war zugesperrt,
trotz meiner Gegenwehr,
hat er mir alles verwehrt.

Innerlich habe ich geschrien,
doch äußerlich konnte ich es nicht,
ich wollte so gern fliehen.

Nun sitze ich hier,
in meinem Zimmer,
ganz allein mit mir.

Ich bin zerstört,
aber niemand,
niemand hat es gehört.

Langsam bröckeln die Steine herab,
und zerschellen auf dem Boden,
die Kratzer gehen später nicht mehr ab.

Vielleicht wird man sich irgendwann daran erin-
nern,
dass ich dies in meinen letzten Stunden tat,
auch wenn die Erinnerungen nur noch flimmern.

Aber dann bin ich nicht mehr dort,
und auch nicht da,
denn ich bin an einem fremden Ort.

Ein Ort, den ich selbst noch nicht kenne,
der aber schön sein wird,
weshalb ich mit großer Freude darauf zu renne.

Mit diesen Worten ende ich mein Gedicht,
auch wenn es kaum eines war,
und verstecke wieder einmal mein Gesicht.

Tränen in dieser Nacht

Tränen weine ich wieder in der Nacht,
aus Schmerz und Angst, was er hat gemacht.

Die Erinnerung an Vergangenes ist wieder da,
zu lebhaft, zu greifbar, zu nah.

Tränen weine ich wieder in der Nacht,
aus Hilflosigkeit, was er hat gemacht.

Die Gefühle sind alle wiedererweckt,
Trauer, Angst, Schmerz- nichts ist versteckt.

Tränen weine ich wieder in der Nacht,
aus Abscheu, was er hat mit mir gemacht.

Ich glaube, ich muss es wieder erleben,
aber das ist doch nicht mein Leben.

Tränen weine ich wieder in der Nacht,
aus Wut, weil er es hat mit mir gemacht.

Ist es möglich, dass er mich zerstört?
Ich will nicht, dass ihm meine Seele gehört.

Tränen weine ich wieder in der Nacht,
aus Verzweiflung, weil er es hat mit mir gemacht.

Ich kämpfe, um meine Freiheit zu erlangen,
und er wird mich nie wieder einfangen!

Tränen weine ich wieder in der Nacht,
sie befreien mich vor dem, was er hat gemacht.

Diesmal überlasse ich ihm keine Macht,
nur perlende Tränen in dieser Nacht.

Trauer – Sehnsucht

Sie sieht all die Menschen sich lieben,
und fühlt große Trauer dabei in sich,
sie würde gerne in den Himmel fliegen.

Sie hört all die Menschen lachen,
und fühlt große Trauer dabei in sich,
niemals wird sie das auch so machen.

Sie sieht, wie Menschen sich entspannen,
und fühlt große Trauer dabei in sich,
am Liebsten würde sie sich selbst verbannen.

Sie sieht wie Menschen sich vertrauen,
und fühlt große Trauer dabei in sich,
es ist sicherer Mauern um sich bauen.

Sie sieht, wie Menschen auch mal weinen,
und fühlt große Trauer dabei in sich,
sie weiß, sie ist niemals mit sich im Reinen.

Sie sieht die Menschen ins Leben laufen,
und fühlt große Trauer dabei in sich,
ist ihr Leben nur ein großer Scherbenhaufen.

Träume fürs Leben

Ich träume ein Leben lang.

In diesem werde ich Viele zum Lachen bringen,
ich werde ein lustiges Lebenslied von mir singen.

Ganz allein über mich und mein Leben bestim-
men,
über die Grenzen der Meere schwimmen.

Keiner wird mich dort verletzen,
oder mich auch nur einmal versetzen.

Ich werde Wärme in mir fühlen,
und keiner wird mich je mehr durchwühlen.

Keiner wird meine Seele zerstören,
alle meine Schreie erhören.

Ich werde Menschen lieben,
mit ihnen durchs Leben fliegen.

Ich werde Lachen, so viel ich kann,
und es wird kein schwarzer Bann.

Niemals werde ich wieder Tränen vergießen,
nur sehen, wie die einstigen dahinfließen.

Der Mond wird leuchten und die Sonne strahlen,
und ich mir für ewig solche Träume ausmalen.

Ich träume mir mein Leben herbei,
denn beim Träumen bin ich ganz frei.

Versuche zu träumen

Versuche zu träumen

Denn in Träumen liegt die Hoffnung des Lebens.

Träume werden dich nie verlassen.

Versuche zu träumen

Denn ein Traum ist die Sprache deiner Seele.

Schaue genau hin, was sie dir zeigt.

Versuche zu träumen

Denn ein Traum wird dich nie verlassen,

vielleicht wirst auch du mit Flügeln durchs Leben
schweben.

Versuche zu träumen…

Herbstlicher Schmerz

Bunte Blätter getragen von samtenem Wind,
und inmitten davon ein kleines Kind.

Sie wirbeln in der Luft wild umher,
und das Kind will nicht mehr.

In allen nur erdenklich schönen Farben,
doch das Kind kennt nur den schwarzen Raben.

Bis sie sich sacht auf den Boden niederlegen,
das Kind möchte so gern in den Himmel schwe-
ben.

Nach einer Zeit färben sie sich braun und rot,
es ist kalt und das Kind wäre gerne tot.

Vor einem Jahr

Tränen kullern aus meinen Augen,
Tränen, aus Angst und Schmerz,
ich möchte es selbst nicht glauben.

Ein Jahr ist es nun schon her.
Da hat er es einfach mit mir getan,
und nun bin ich so totenleer.

Er hat mich einfach benutzt.
Als wäre ich eine Puppe.
Und mich mit sich beschmutzt.

Er hat mich belogen,
mein Vertrauen missbraucht,
und mich betrogen.

Keiner hat es je gehört,
meine lauten Schreie,
an einem einzigen Abend,
wurde mein Leben zerstört.

Ich könnte tausend Tränen weinen,
doch das Gefühl würde nicht vergehen,
innerlich würde ich um Gnade flehen,
aber nie wäre ich mit mir im Reinen.

Ich fühle seine Finger,
wie sie an meinen Hüften hinab streichen,
und ich kann nicht mal von ihm weichen,
gefangen bin ich zwischen ihm und dem Boden,
man hört nur noch mein Gewimmer.

Seine Gier ist deutlich zu sehen,
er reibt und drückt sich an mich,
sofort würde er sich an mir vergehen.

Doch noch muss er mich küssen,
seine rauen Lippen drücken sich fest auf meine,
und seine klitschige Zunge bahnt sich ihren Weg,
inzwischen sind meine Tränen ausgeweitet,
zu nassen, strömenden Flüssen.

Ich möchte ihn nicht fühlen,
seine Hände soll er von mir lassen,
mich nie wieder irgendwo anfassen,
er darf mich nicht mehr durchwühlen.

Meine Augen glasig und verschwommen,
aus meinem Körper bin ich geflohen,
und nur so seinen eisigen Klauen entkommen.

Wann

Wann werde ich wieder aufwachen?
Wann werde ich wieder lachen?

Wann werde ich keine Angst verspüren?
Wann werden sich meine Füße rühren?

Wann wird der Schmerz verblassen?
Wann wird jemand meine Hand fassen?

Wann werde ich mich leiten lassen?
Wann werde ich ihn richtig hassen?

Wann werde ich Wut aufbringen?
Wann werde ich ihm entrinnen?

Wann werde ich Freude fühlen?
Wann wird er mich nicht mehr zerwühlen?

Wann werden die Tränen vergossen sein?
Wann ist meine Seele von ihm rein?

Wann darf ich frei sein, wie ich es gerne hätte?
Wann lässt er mich los, von seiner unsichtbaren
Kette?

Wann wird er endlich von mir gehen?
Wann muss ich die Alpträume nicht mehr sehen?

Wann werde ich in den Spiegel sehen und mich
lieben?
Wann werde ich wissen, was mir ist noch
Geblieben?

Wünsche

Manchmal wünscht man sich, man könne fliegen,
sich in den Wolken der Ewigkeit wiegen.

Niemals weinen und immer lachen.
Und auch nie wieder Fehler machen.

In Watte gebettet die Sonne genießen,
und sehen, wie die Blumen sprießen.

Das schlagende Herz fühlen,
sich im lauen Winde kühlen.

Niemals allein an der Front stehen,
immer neue, schöne Wege gehen.

Manch einer wünscht sich dies,
das wäre das wahre Paradies.

Was bleibt...

Warum hast du mir das angetan?
Warum musste mir das widerfahren?

Ich leide noch immer unter den Qualen,
tausend schwarze Bilder könnte ich malen.

Du hast mir meine Träume genommen,
die sind durch deine Berührungen zerronnen.

Andere Leute sehen den Schmerz in meinem Her-
zen nicht,
denn sie haben nur für mein Äußeres, meine Mau-
ern die Sicht.

Ich habe Angst vor noch mehr Schmerz,
den könnte ich nicht ertragen, in meinem Herz.

Zu viele Scherben liegen schon vor mir,
und das alles nur wegen deiner Gier!

Viele Wunden habe ich wegen dir erlitten,
in den Nächten bin ich durch Alpträume geglitten.

Die Narben werden für immer bleiben,
und ich werde die Nähe wegen dir meiden.

Nie mehr werde ich richtig Vertrauen aufbauen,
ich werde an der Vergangenheit auf Ewig kauen.

Die Liebe ist längst ein schwarzer Fleck,
und dieser geht durch nichts mehr weg.

Ich kann keinem mehr glauben,
aus Angst, dass sie mich berauben.

Denn meine Seele ist wegen dir verschwunden,
zurück bleiben auf Ewigkeit ganz tiefe Wunden.

Wenige Worte

Positiv denken,
immer lächeln,
Licht verschenken,
Luft zufächeln.

Feste Schritte,
große Ziele,
ausgewogene Mitte,
so sind nicht viele.

Viele Träume,
neues Spiel,
Freuden-Schäume,
das ist viel.

Wünsche erfüllen,
an etwas glauben,
sich in Geborgenheit hüllen,
und niemanden berauben.

Fehler erkennen,
andere verstehen,
nicht einfach wegrennen,
gemeinsame Wege gehen.

Tränen laufen lassen,
anderen vertrauen,
keine Menschen hassen,
aufeinander bauen.

Wenige können dies,
die Gesellschaft ist nicht immer gut,
sie ist auch manchmal fies,
denn es fehlt ihnen an Mut.

Zwischen Himmel und Erde

Früher sah ich immer zum Himmel,
flüsterte all meine Träume in die Nacht,
glaubte, dass mich ein Engel beschützt,
und habe bei dem Gedanken still gelacht.

Ich wollte irgendwann frei sein,
wie ein Engel in den Himmel fliegen,
unter mir die Welt ganz winzig klein,
einfach in den weichen Wolken liegen.

Ewigkeiten blieb ich am Fenster hocken,
wartete auf den Engel, der mich holen sollte,
aus dieser gewaltvollen, grauen Welt,
während die erste Träne schon hinab rollte.

Ich fragte laut, warum ich hier noch sitze,
verlangte nach Antworten auf meine Fragen,
doch bekam ich nur die Stille zu spüren,
keiner konnte mir je etwas dazu sagen.

Wenn ich auf einer Schaukel saß,
hatte ich das Gefühl ein Stück zu fliegen,
dem hellblauen Himmel näher zu kommen,
und etwas von der ersehnten Freiheit abzukrie-
gen.

Aber er wollte mich einfach nicht haben,
ich sollte hier auf Erden bleiben,
weiter vom freien Engel träumen,
und weitere Gewalt erleiden.

Irgendwann schrie ich den Wunsch hinaus,
lies ihn in der Unendlichkeit verhallen,
blickte zwischen Himmel und Erde,
und hatte das Gefühl ganz weit zu fallen.

Mein Leben dreht sich seither im Kreis,
ich spüre keinen Boden, habe keinen Halt,
glaube manchmal noch immer zu fallen,
und hoffe, das Ende kommt bald.

Ich wollte keinen Schmerz mehr spüren,
keine Tränen mehr je vergießen,
mich vor all dem Bösen schützen,
mein Herz für immer verschließen.

Meine Kinderseele wurde ermordet,
der Rest rennt im Dunkeln umher,
stürzte immer tiefer ins Chaos,
sehnte mich nach dem Sternenmeer.

Zwischen Himmel und Erde,
da gibt es einen schwarzen Fleck,
die lebendige, gewaltvolle Hölle,
aus der will ich endlich weg!

Leben trotz Trauma

Über zehn Jahre, das ist eine lange Zeit,
und es ist auch vieles passiert,
gegangen bin ich auch sehr weit.

Oft kann ich es mir nicht eingestehen,
suche ständig an mir Fehler,
aber die Außenwelt, die kann es sehen.

Ich habe eine große Veränderung gemacht,
ich bin reifer und selbstsicherer geworden,
und habe in letzter Zeit unglaublich viel gelacht.

Meine zweite, bessere Hälfte konnte ich finden,
mit ihm eine Familie mit drei eigenen Kindern
gründen,
irgendwie meine Vergangenheit überwinden.

Doch es gibt Momente da holt mich alles ein,
da denke und fühle ich oft wie früher,
und kann nicht mehr ganz die starke Frau sein.

Aber Erlebnisse prägen einen fürs Leben,
die Kindheit ist ein grundlegender Stein,
ich kann es nicht einfach von mir legen.

Ich habe gelernt es zu akzeptieren,
es anzunehmen, darüber zu sprechen,
und nicht in mir selbst zu erfrieren.

Meine Arbeit an den Gedichten schreitet voran,
es ist intensiv auf viele Arten,
manchmal zieht mich alles noch in den alten Bann.

Zum Glück habe ich meine Strategie gefunden,
werde nicht Gefühlen und Erinnerungen über-
mannt,
ich habe einiges der Traumata überwunden.

Aber ein Trauma bleibt ein Leben lang bestehen,
die Gefühle und Erinnerungen trage ich in mir,
manchmal kann ich sie besonders gut sehen.

Hey Tagebuch 2

Hey mein liebes Tagebuch,
Jahre ist es her, als ich so schrieb,
da war ich noch viel jünger,
und war so voller Angst,
da dachte ich einzig an den Seelendieb.

Jetzt habe ich die Zeilen erneut gelesen,
Tränen flossen mir über die Wangen,
es kroch mir eiskalt ein Schauer über den Rücken,
ich spürte die Macht des schwarzen Abgrundes,
befand ich mich kurz in den vergangenen Zangen.

Aber ich weiß, ich habe ganz viel Kraft,
ich kann stehen bleiben und alles sehen,
meine Kinderseele, die sich verirrte,
meine ganzen unklaren Gefühle,
aber ich bleibe niemals mehr dort stehen.

Ich werde nicht mehr die Gefangene sein,
denn ich bin erwachsen und nicht allein,
meine Gefühle darf ich zeigen,
und alles bekommt Raum und Luft,
so kann es dann auch wieder vergangen sein.

Eine Person liebt mich sehr,
ich kann es oftmals kaum glauben,
aber ihm vertraue ich für immer,
und er fängt mich auch heute auf,
wenn mir solche Dinge meinen Halt rauben.

Danksagung

An dieser Stelle möchte ich mich nach bei allen Menschen bedanken, die an mich geglaubt haben und mich mit all ihrer Kraft, ihrem Wissen, ihren Tipps und ihrem Vertrauen in mich und meine Fähigkeiten unterstützt haben.

Zuerst gebührt mein Dank meinen zwei liebgewonnenen Freunden, die ohne großes Vorwissen meine Gedichte gelesen haben. Sie waren die Ersten aus meinem Freundes- und Bekanntenkreis, in welche ich so viel Vertrauen hatte, dass ich mich mit allen Seiten meiner Persönlichkeit zeigen konnte. Danke, dass ihr mich mit offenen Armen empfangen habt, immer für mich und meine Familie da seid und wir schon so viel Gutes wie Schlechtes gemeinsam erleben konnten und noch immer Freunde sind. Danke, dass ich mich immer auf euch verlassen kann und ihr hilfreiche Anregungen und konstruktive Kritik gegeben habt. Ich hoffe sehr, dass unsere Freundschaft noch lange weiter gehen wird und sich unser Band verfestigen wird!

Ein besonderer Dank gilt Magdalena, die trotz ihrer chaotischen Gefühlswelt und eigenen, indirekten Betroffenheit Kraft und Energie in das Lesen der Gedichte gesteckt hat. Du bist ein besonderer Mensch, den ich in einer unglaublich persönlichen und einmaligen Situation kennen und schätzen lernen durfte. Auch wenn wir uns nicht mehr treffen oder sehen, so denke ich sehr oft an dich. Denn manchmal sind es nicht Jahre des gemeinsamen Erlebens, sondern reichen Sekunden, Minuten und Stunden aus, um zu wissen, dass diese Begegnung mit einem ganz besonderen Menschen stattfand. Vielen lieben Dank dir, ich hoffe, dass sich unsere Lebenswege noch öfters kreuzen werden!

Ebenso möchte ich meinem damaligen Deutschlehrer aus der 5.und 6.Klasse danken. Denn schließlich hat er mich zur Lyrik gebracht, mir die Türe in diese einzigartige Welt der Wörter und Verse geöffnet.

Meinem Kinder- und Jugendtherapeuten möchte ich natürlich auch nicht unerwähnt lassen. Denn schließlich ist er mit mir gemeinsam in meine eigenen Abgründe gegangen, hat mir immer Vertrauen geschenkt, mich gehalten und den schwierigen Weg hinaus gezeigt. Ich weiß, ich war keine einfache Patientin und konnte in der Zeit der Therapie nicht alles annehmen oder mich vollständig öffnen, aber dennoch habe heute noch all Ihre Worte im Ohr und verinnerlicht, sodass sie mir noch heute helfen und Halt geben.

Abschließend möchte ich mich bei meinem Mann, ohne den ich gar nicht so weit im Leben gekommen wäre, bedanken. Maximilian hat immer an mich geglaubt, egal ob ich selbst schon längst aufgegeben habe oder nicht. Er hat für mich und uns gekämpft und jeden Sturm ausgehalten, durch den wir gegangen sind – auch wenn ich oftmals selbst der Auslöser war.

Danke, Maximilian, dass es dich gibt und du mich genauso liebst, wie ich bin. Ich liebe dich und freue mich auf unzählbare, abenteuerlustige, glückliche Jahre mit dir. Ich suche mein Glück nicht mehr, denn in dir und mit dir habe ich es gefunden. Danke!

Zeitfracht Medien GmbH
Ferdinand-Jühlke-Straße 7
99095 Erfurt, Deutschland
produktsicherheit@kolibri360.de